Frère Alois, Taizé

GLAUBEN WAGEN

Frère Alois, Taizé

GLAUBEN WAGEN

Die christlichen
Feste im Jahr

HERDER

FREIBURG · BASEL · WIEN

INHALT

DER WEG DES VERTRAUENS

Der Glaube an Gott wird immer öfter in Frage gestellt, vor allem in der westlichen Welt. Der bloße Gedanke, dass Gott existiert, ist eine Herausforderung geworden, die scheinbar nicht vereinbar ist mit dem modernen Denken. Wenn es Gott gibt – warum ist dann das Böse so mächtig? Wie kann man sich in einem Universum, dessen Vielschichtigkeit und Unendlichkeit wir immer mehr erkennen, die Allgegenwart eines Gottes vorstellen, der sich zugleich um das Universum und um jeden einzelnen Menschen kümmert? Und wenn Gott existiert – hört er dann unsere Gebete, antwortet er darauf?

Dennoch scheint es, als würde die Frage nach Gott im Geist des Menschen nicht verhallen. Vielleicht erleben wir heute sogar das Erwachen einer neuen Sensibilität, einer neuen Aufgeschlossenheit für die Wirklichkeit eines Jenseits. „Der Mensch lebt nicht vom Brot allein." In jedem Menschen liegt das Verlangen zu lieben und geliebt zu werden, das Verlangen in der eigenen Würde als Mensch anerkannt zu werden, das Verlangen nach einer Liebe für immer. Und drückt diese Sehnsucht nach einem „für immer" nicht auch Sehnsucht nach Gott aus?

Wer den religiösen Sinn anerkennt, der dem Menschen innewohnt, steht vor der Frage: Ist es möglich, in unserer modernen Welt an Gott zu glauben? Diese Frage zu bejahen ist nicht weniger vernünftig, als sie zu verneinen.

Für viele Menschen, wohl auch Menschen anderer Religionen, sind Glaubensinhalte oftmals in einen dichten Nebel gehüllt. Dazu gesellen sich hartnäckige Missverständnisse. Bei den Christen stellen sich Fragen wie: Wer ist Jesus? Was hat er uns über Gott gesagt? Der Heilige Geist, die Auferstehung, die Kirche – Glaubensaspekte und Begriffe, die für heute nicht mehr selbstverständlich zugänglich sind. Und selbst überzeugte Gläubige suchen nicht immer ausreichend ihr Verständnis von den Geheimnissen des Glaubens zu vertiefen, wo wir doch in jedem Lebensabschnitt darin Freude finden können.

In einer Epoche, in der sich die Menschen bei ihren Lebensentscheidungen nicht mehr allzu sehr von Traditionen und Institutionen leiten lassen, ist die persönliche Suche nach Gemeinschaft mit Gott umso wichtiger. Es ist allen gegeben, sich auf diese Suche zu machen. Wir sind nicht allein. Öffnen wir die Augen und schauen wir auf die Glaubenszeugen in nah und fern!

Ich denke an Menschen, denen ich in Haiti begegnet bin. In diesem schönen Land herrscht tiefe Armut.

Man kann von außen kaum begreifen, wie Menschen dort überleben, manche nur von Woche zu Woche. Ich kann nicht vergessen, dass dort Mütter häufig morgens noch nicht wissen, ob sie tagsüber ihren Kindern etwas zu essen geben können. Und dennoch konnten selbst das große Erdbeben vom Januar 2010 das tiefe Gottvertrauen der meisten Leute nicht mindern. Der Glaube hält dieses Volk in seinen schweren Prüfungen aufrecht.

Die Glaubenszeugen bewegen uns, auch unsererseits Gott unser Vertrauen zu schenken, um darin Trost zu finden, aber auch den Mut zur Hoffnung und dazu, über uns selbst hinauszuwachsen. Gott handelt nicht immer nach unserem Willen, er ist nicht unser Abbild. Glauben wagen! Der Glaube stellt sich heute eher als ein Risiko dar, als das Risiko des Vertrauens. Es verlangt alle unsere menschlichen Fähigkeiten, die des Herzens wie die des Verstandes, Schritte im Glauben zu wagen.

Als Christen gehen wir das Risiko ein, Jesus Vertrauen zu schenken, so wie er uns in der Bibel vorgestellt wird. Selbst wenn wir wenig vom Evangelium begreifen, können wir uns bemühen, es tiefer zu erfassen, von einem Wort her, das uns wichtig geworden ist und das wir in die Tat umzusetzen versuchen. Und allmählich lassen wir uns auf das Vertrauen ein, wie Jesus selbst es hatte: Wir entdecken, dass Gott, der alles übersteigt, was wir uns vorstellen können, gegenwärtig ist. Durch seinen Geist wohnt er in uns. Jesus wollte kein Lehrmeister sein, er wollte uns in eine Liebesbeziehung mit Gott hineinführen.

Glauben beginnt mit dem Hören. Erneuern wir in der Gemeinschaft der ganzen Kirche unser Hinhören auf die Bibel, sprechen wir mit anderen darüber, lassen wir Vorurteile hinter uns, gehen wir über zu enge Vorstellungen von Gott hinaus, lassen wir uns zu einem Vertrauen auf Gott führen. In diesem Vertrauen finden wir die innere Versöhnung und auch eine seelische Kraft, die uns stärkt und zur Lebendigkeit führt.

Es ist nötig, über den Glauben nachzudenken, aber es ist nicht genug. In der Feier der Geheimnisse des Glaubens finden wir einen tieferen Zugang zu ihnen. Die Schönheit der Gottesdienste vermittelt die Freude am Glauben. Alle Erfahrungen eines Menschenlebens finden in den christlichen Festen einen Widerhall, haben dort Raum: die Freude wie das Leiden, Geburt wie Tod, die Nähe wie die Unbegreiflichkeit Gottes.

Die großen Feste vereinen die Christen überall auf der Erde. Bei allen unterschiedlichen Akzenten, die die verschiedenen christlichen Traditionen setzen, versammeln uns diese Feste um Christus herum. Gläubige, Gottsucher, Neuankömmlinge – der Heilige Geist versammelt uns vor der Gegenwart Gottes, der Liebe ist.

Mit diesem Buch möchte ich teilen, in welcher Gesinnung wir in Taizé die großen christlichen Feste feiern und welchen Wert sie für unseren Glauben und den Alltag haben. Zugleich blicke ich dabei auch auf Erlebnisse, die ich bei meinen Brüdern hatte, die auf anderen Erdteilen leben, oder bei manchen Treffen mit Jugendlichen verstreut auf der ganzen Welt.

Wir Brüder von Taizé sind keine geistlichen Meister, die bereits ans Ziel gelangt sind. Durch unser Leben als Communauté, als Gemeinschaft, möchten wir der Hoffnung Ausdruck geben, die in uns wohnt, und sogar etwas von der neuen Welt vorwegnehmen, die in Christus angebrochen ist. Aber wir sind in der Nachfolge Jesu als Arme des Evangeliums unterwegs, mit unserer Zerbrechlichkeit und unseren Verletzungen. Wir erheben nicht den Anspruch, besser zu sein als andere. Uns charakterisiert die Entscheidung, Christus zu gehören. Bei dieser Entscheidung möchten wir vollkommen konsequent sein und mit dem ganzen Volk Gottes unseren Weg im Glauben gehen.

Frère Alois

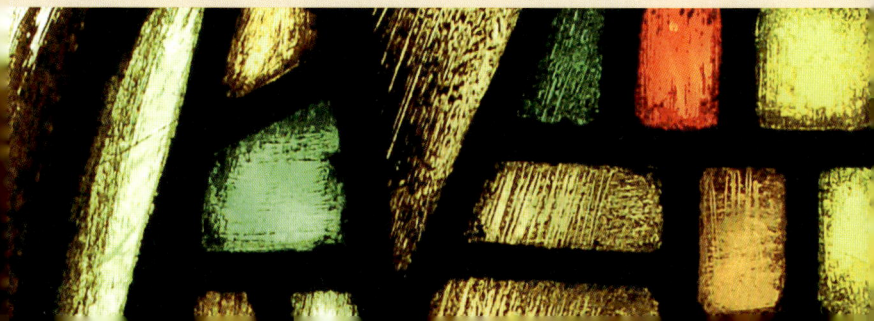

ADVENT

Warten können

Maria Verkündigung, Glasfenster von Frère Eric in Taizé

DIE ADVENTSZEIT kann in uns die Hoffnung erneuern. Nicht einen leichtfertigen Optimismus, der die Augen vor der Wirklichkeit verschließt, sondern eine feste Hoffnung, die sich in Gott verankert und deren Zeichen wir in unserer Welt wahrnehmen können.

Das Kirchenjahr beginnt mit dem Advent, der Zeit der Erwartung. Warum? In ihr wird unser sehnliches Verlangen offengelegt und vertieft: die Sehnsucht nach endgültiger Geborgenheit, zu der sich jeder Mensch mit seinem ganzen Sein – Leib, Seele und Geist – hingezogen fühlt, den Durst nach Liebe, der vom Säugling bis zum Greis in jedem Menschen brennt, und den selbst größte menschliche Nähe nicht ganz stillen kann.

Wir erfahren diese Erwartung oft als Mangel oder beschwerliche Leere. Sie ist jedoch kein Gebrechen, sondern gehört zu unserem Menschsein. Sie ist ein Geschenk. Sie bewegt uns dazu, uns zu öffnen, sie richtet unser ganzes Sein auf Gott aus.

In uns brennt ein Durst. Hat Gott ihn nicht in uns geweckt, damit wir uns ihm zuwenden? Wirtschaftlicher Fortschritt und materieller Wohlstand sind zwar unerlässlich, aber sie können unseren tiefsten Durst nicht stillen. Dieser Durst öffnet unser Herz für die Stimme des Heiligen Geistes, der Tag und Nacht in uns flüstert: „Du bist von jeher geliebt; und selbst die manchmal sehr harten Anfechtungen in deinem Leben können diese Liebe nicht auslöschen."

Wagen wir zu glauben, dass Gott die Leere füllen kann und dass wir schon jetzt voll Freude warten können! Augustinus schreibt in seinem Kommentar zum ersten Johannesbrief: „Das ganze christliche Leben ist ein heiliges Sehnen. Indem er uns warten lässt, macht Gott diese Sehnsucht weit, indem er uns sehnen lässt, macht er die Seele weit, indem er die Seele weit werden lässt, macht er uns fähig, zu empfangen … Wenn du dich danach sehnst, Gott zu schauen, hast du bereits den Glauben."

Frère Roger liebte dieses Augustinuswort und betete ihm gemäß: „Gott, du liebst uns: Wenn wir uns danach sehnen, deine Liebe zu empfangen, ist allein diese Sehnsucht bereits der Anfang schlichten Glaubens. Allmählich wird auf dem Grund unserer Seele eine

Flamme entzündet. Sie kann ganz schwach sein, aber sie brennt immer."

Packend wird in der Bibel die gesamte Liebesgeschichte zwischen Gott und der Menschheit erzählt. Sie beginnt mit der Frische der ersten Liebe, dann treten Hindernisse auf, es kommt sogar zur Untreue von Seiten der Menschen. Gott wird aber niemals müde zu lieben; er sucht stets aufs Neue sein Volk. Die Bibel ist im Grunde die Geschichte der Treue Gottes. „Kann denn eine Frau ihr Kind vergessen? Selbst wenn sie es vergessen würde: Ich vergesse dich nicht." (Jesaja 49,15).

Diese lange Geschichte kann in uns Verständnis für langsames Reifen wecken. Manchmal hätten wir gerne alles auf einmal, ohne den Wert von Reifezeiten zu sehen! Die Bibel dagegen erschließt uns einen anderen Blickwinkel: „In deiner Hand liegt meine Zeit" (Psalm 31,16).

Warten können … Einfach da sein, einfach so. Sich hinknien, und auf diese Weise – auch mit dem Körper – anerkennen, dass Gott nicht unbedingt nach unseren Vorstellungen handelt. Die Hände öffnen als Zeichen des Empfangens. Da der Advent uns auf Weihnachten vorbereitet, bereitet er uns darauf vor, zu empfangen.

Auch wenn es uns nicht immer gelingt, unsere innere Sehnsucht in Worte zu fassen – es ist schon ein Ausdruck der Öffnung für Gott, wenn wir still werden.

In der Adventszeit erinnern wir uns daran, dass Gott selbst in Bethlehem in einer tiefen Stille gekommen ist.

Das Glasfenster der Verkündigung in der Kirche von Taizé, das zu Beginn des Kapitels zu sehen ist, zeigt die Jungfrau Maria gesammelt und offen für das, was kommt. Der Engel bringt ihr die frohe Botschaft. Sie ist still, in der Erwartung, dass sich das Versprechen des Engels erfüllt.

Wie die lange Geschichte vor Christus seine Ankunft auf der Erde vorbereitete, so können wir uns jedes Jahr im Advent ein wenig mehr für die Gegenwart Christi in uns öffnen. Jesus nimmt unsere Erwartung wahr, so wie er eines Tages die des Zachäus erkannte. Und er sagt auch zu uns: „Ich muss heute in deinem Haus zu Gast sein" (Lukas 19,5).

Lassen wir zu, dass auch uns die Freude des Zöllners Zachäus uns erfüllt. Dann wird sich unser Herz wie das seine für die Anderen öffnen. Er beschließt, die Hälfte seines Besitzes den Armen zu geben. Wir wissen heute nur zu gut, dass einem Großteil der Menschheit ein Mindestmaß an materiellem Wohlstand, Gerechtigkeit und Frieden vorenthalten wird. Gibt es konkrete Zeichen von Solidarität, die wir während der Adventszeit im Alltag setzen können?

In den Lesungen der Adventszeit ist von allumfassendem Frieden wie im Traum die Rede: „Großer Friede blüht auf, bis der Mond nicht mehr da ist" (Psalm 72,7), „ewiger Friede" (Jesaja 9,6), ein Land, „in dem der Wolf beim Lamm wohnt und es keine Gewalt mehr gibt" (Jesaja 11,1–9).

Es sind poetische Texte, sie wecken in uns eine Hoffnung. Und wir sehen, dass „Frieden auf Erden" im Vertrauen, mit dem Menschen aufeinander zugehen, und in Schritten der Versöhnung keimen kann. Vertrauen ist wie ein Senfkorn, das wächst und nach und nach zum großen Baum des Reiches Gottes wird, mit dem der „Friede, der kein Ende hat" anbricht. Vertrauen auf Erden ist der Anfang des Friedens.

Christus Jesus, du kennst unsere Erwartung. Wenn wir uns manchmal fern von Gott fühlen, dann öffne du uns die Augen, damit wir die Zeichen deiner Gegenwart ganz in unserer Nähe sehen können. Du bist zu den Ärmsten gekommen, um ihnen einen Platz bei Gott zu geben, und schon schenkst du uns eine Freude, die unser Warten erhellt.

WEIHNACHTEN

Friede auf Erden

Lichter im Chor der Kirche von Taizé

„Ehre sei Gott in der Höhe und Friede auf Erden den Menschen, die er liebt!" (Lukas 2,14) Diesen Lobpreis hören die Hirten auf dem Feld, als der Engel ihnen die Geburt Jesu verkündet. Seitdem dieser Gesang die Nacht der Hirten in Bethlehem erfüllt hat, wurde die Menschheit noch von vielen Kriegen, Ungerechtigkeiten und Gewaltausbrüchen heimgesucht. Und die Weihnachtsgeschichte selbst wird vor einem tragischen Hintergrund erzählt. Kaiser Augustus beteuerte, er würde in seinem ganzen Reich Frieden herrschen lassen. Es war freilich nur ein vermeintlicher Frieden, der um den Preis unzähliger Unterdrückungsmaßnahmen erkauft war.

Dabei gehen mir Worte einer Jugendlichen aus Ruanda namens Clarisse nicht aus dem Sinn. Wir waren in Nairobi, in Kenia. Mit den Kirchen dieser Stadt bereitete unsere Communauté ein Jugendtreffen vor, eine afrikanische Etappe auf unserem „Pilgerweg des Vertrauens auf der Erde". Jugendliche aus 15 afrikanischen Ländern waren zusammengekommen. Clarisse meinte damals: „Sagt in Europa, dass die Leute für die Jugendlichen in Ruanda beten sollen. Bei uns herrscht verheerende Arbeitslosigkeit. Und dazu kommt, dass viele, die in der Zeit des Völkermords Grausames erlitten haben, nicht mehr an Gott, ja nicht einmal mehr an das Leben glauben können."

Bei den Jugendlichen, die an dem Treffen teilnahmen, war Schmerz, aber auch Glück zu spüren. So erstaunlich es sein mag, in Afrika vertreiben die täglichen Schwierigkeiten die Freude nicht, Ernst und Tanz schließen einander nicht aus. Die Lebensfreude brach vor allem bei den Lobgesängen während der Gebete hervor. Von den 7000 Jugendlichen, die gemeinsam sangen, ging eine außerordentliche Kraft aus. Nach den Schriftlesungen wurde während einer langen Zeit der Stille eine Erwartung greifbar, die allen gemeinsam war, ob sie Kikujus, Luos, Massai, Kongolesen oder Ruander waren: Friede auf Erden!

Mit diesen jungen Afrikanern haben wir uns daran erinnert, dass das Evangelium mit der großen Hoffnung der Weihnacht beginnt. Gott hat seinen Sohn nicht gesandt, damit sich nichts verändert. Seine Ehre im Himmel ist der Friede auf Erden. Diesen Frieden zwingt er aber nicht von oben her auf. Das Evangelium erzählt, auf welch unerwartete, überraschende Weise Gott mit der Menschheit umgeht. Er kommt in Jesus und er bittet in jeder Generation immer wieder jeden einzelnen, sich an seinem Versöhnungswerk zu beteiligen. Selbst in den dunklen Stunden wird die mit Weihnachten verbundene Verheißung den Menschen zur Ermutigung, die ausdauernd für den Frieden eintreten, wo er bedroht ist.

An Weihnachten begreifen wir, dass der Frieden eine Gabe Gottes ist und dass es zuerst darauf ankommt, ihn zu empfangen. Wenn wir uns dem Kind in der Krippe zuwenden, werden wir zu einer echten Verwandlung im Herzen gerufen. Ohne diese Änderung zutiefst in uns gibt es keinen wahren, sondern nur einen scheinbaren Frieden, wie den des Kaisers Augustus. „Beginnt in euch das Werk des Friedens, sodass ihr, selbst befriedet, den anderen Frieden bringt", sagte Ambrosius.

Wenn wir Weihnachten feiern, bringt Gott in uns den Frieden des Herzens zur Welt. Wir schöpfen ihn aus dem Vertrauen, dass Gott die Menschen liebt, alle Menschen ohne Unterschied.

Solche Worte über die Liebe Gottes erscheinen vielen Menschen freilich allzu leichtfertig. Nicht wenige suchen ernsthaft einen Sinn für ihr Leben, und können dennoch nicht an einen Gott glauben, der sie persönlich liebt. Versuchen wir auch die zu achten und zu verstehen, denen Gott unbegreiflich bleibt.

An Weihnachten feiern wir einen Gott, der uns nahe kommt, aber wir wollen nicht vergessen, dass er selbst für uns als Glaubende immer jenseits von allem bleibt, was wir begreifen können. Öffnen wir unser Herz und unseren Verstand weit für beide Dimensionen des Geheimnisses Gottes, für seine Nähe und für seine Transzendenz.

Es ist nicht allen Menschen gegeben, beide Dimensionen zu erfassen. Die einen werden von seiner nächsten Nähe angerührt, die sie beinahe im Herzen spüren können. Andere, wie Mutter Teresa, erfahren vor allem das Schweigen Gottes. Dennoch ist es möglich, gemeinsam in der Nachfolge Jesu voranzugehen: Er hat zugleich die große Nähe und das Schweigen Gottes erfahren.

Somit erscheint der christliche Glaube als ein Wagnis, als Kühnheit aus Vertrauen. Die ganze Bibel führt uns zu solchem Vertrauen: Der vollkommen transzendente Gott kommt und spricht uns in einer zugänglichen Sprache an.

Die Nähe Gottes verweilend zu betrachten, die sich an Weihnachten offenbart, ruft immer Staunen hervor. Das Wort ist Fleisch geworden. Gott hat sich verwundbar gemacht. Augustinus betont: Sein Wort wird ein kleines Kind, das noch nicht sprechen kann. Von Geburt an gerät Jesus in allereinfachste Verhältnisse, in die ungefestigten Gegebenheiten eines Menschenlebens. Wenig später erleidet er mit Maria und Josef Verfolgung und Exil.

An Weihnachten zeichnet sich bereits der Schatten des Kreuzes ab. Indem Gott Mensch wird, entscheidet er sich letztlich dafür, die menschliche Zerbrechlichkeit anzunehmen. Er kommt und bewohnt unsere Zerrissenheit, unser Leiden. Christus erreicht uns auf dem Tiefpunkt, er wird Mensch wie wir, um uns die Hand reichen zu können.

Durch das Kommen Jesu lässt sich Gott auf einen wahren Tausch ein. Er nimmt unser Menschsein an. Im Gegenzug schenkt er uns sein Leben. Durch Marias Bereitschaft kann dieser Tausch stattfinden. Mit ihm ist der ganzen Schöpfung Versöhnung mit Gott angeboten. Wagen wir es, in dem kleinen Kind in der Krippe die Gegenwart Gottes zu erkennen, empfangen wir seinen Frieden und mit ihm die Hoffnung auf Frieden für die ganze Welt! An Weihnachten sendet Gott uns aus, diesen Frieden in unsere Umgebung zu tragen. Unsere Welt braucht mutige Frauen und Männer, die mit ihrem Leben den Ruf des Evangeliums nach Versöhnung verkörpern.

Erinnern wir uns daran, dass manchmal nur einige

wenige Menschen nötig waren, damit sich bei Konflikten die Waage zum Frieden hin neigte. Das Vertrauen und der Mut einer Frau, der Jungfrau Maria, reichten dafür aus, Gott in unsere Menschheit eingehen zu lassen. Lassen wir uns von diesem Vertrauen und diesen Mut bewegen.

Und wir können in unserem Leben wie zu einem kleinen Licht der Weihnacht werden, das im Dunkel scheint, wenn es auch manchmal nur flackern mag.

Gott, der alles übersteigt, was wir uns vorstellen können, du wurdest arm, damit wir dich lieben können. In Jesus bist du einfach da, ein verletzliches Kind. So öffnest du unser Herz für eine neue Hoffnung, eine Hoffnung auf Frieden für die ganze Menschheit.

ERSCHEINUNG DES HERRN

Kommt, lasst uns anbeten!

Erscheinung des Herrn, Glasfenster von Frère Eric in Taizé

MIT WEIHNACHTEN FEIERN wir ein schlichtes Ereignis, das eines Tages in Bethlehem geschah. Das Fest der Erscheinung des Herrn, Epiphanias oder Epiphanie, offenbart, dass dieses Ereignis eine universale, allumfassende, ja kosmische Dimension hat. Die Weisen werden durch einen Stern geführt und stehen stellvertretend für alle Völker, alle Kulturen.

Wir möchten begreifen, wie das Licht Christi alle Menschen erleuchten kann. Dafür müssen wir wie die Weisen unsere manchmal festgefahrenen Glaubensgewohnheiten abstreifen, aus uns herausgehen, uns bücken und in den Stall eintreten. Jede andere Haltung würde Gott verfehlen, der sich erniedrigte und bereit war, an einem verborgenen Ort zur Welt zu kommen.

Halten wir mit den drei Weisen inne. Bevor wir im Gebet um etwas bitten, wollen wir anbeten wie sie. Wenn wir auf das Licht Christi schauen, zieht es mehr und mehr in uns ein, und das Geheimnis Christi wird zum Geheimnis auch unseres Lebens. Es ist nicht leicht, im Geist der Anbetung zu leben in einer Welt, in der sofortige Ergebnisse einen derart hohen Stellenwert haben, in der allein der Gedanke an langwierige Reifezeiten Ungeduld hervorruft. In langen Zeiten der Stille, in denen scheinbar nichts geschieht, wirkt Gott in uns, ohne dass wir wüssten wie.

Das Glasfenster der Erscheinung des Herrn, abgedruckt am Anfang des Kapitels, zeigt die Weisen, die das Kind anbeten. Betrachten wir dieses Kind, um zu begreifen, wer Gott ist. Sehen wir die äußerste Demut Gottes. Sehen wir, wie er als armes Kind kommt und um unsere Liebe bettelt! Und sehen wir auch, dass er Menschen wie den verachteten Hirten ihre Würde zurückgibt, die sie verloren glaubten.

Anbeten heißt, die Gegenwart Gottes wahrnehmen. Er ist anwesend in seinem Wort. Er ist anwesend in der Eucharistie. Die Christen der Ostkirche sagen uns, dass auch die Ikonen zur Gemeinschaft mit Gott führen. Und er ist in den alltäglichen Ereignissen unseres Lebens anwesend. Das Evangelium unterstreicht: Gott lässt sich bei den Ärmsten finden.

Anbeten heißt, sich von sich selbst abwenden und auf Gott schauen. Wie können wir die Quelle des

Lebens erschließen, die Gott in uns gelegt hat, wenn unsere Sorgen uns ganz in Beschlag nehmen? Die Anbetung der Weisen zeigt sich in der Hingabe. Das anbetende Gebet bewegt uns, Gott und den Mitmenschen das Beste von uns zu schenken. Es macht uns bereit, unser Leben für die Menschen hinzugeben, die uns anvertraut sind.

Manche Menschen leiden freilich übermäßig und haben nicht mehr die Kraft, Gott anzubeten. Man kann ihnen nur mit tiefer Einfühlsamkeit und Hochachtung begegnen. Um die Hoffnung zu bewahren, gerade auch für die Menschen, die nicht mehr hoffen können, legt das Evangelium uns nahe, über uns selbst hinauszuschauen.

Die Christen der Ostkirche nehmen vielleicht vor dem Geheimnis Gottes unbefangener eine anbetende Haltung ein. Ich habe das oftmals erlebt. Ich erinnere mich an die Beisetzung des orthodoxen Patriarchen Alexej II. in Moskau. Sein Tod ging uns sehr nahe. Ich war ihm zwei Jahre zuvor begegnet, und er sagte damals zu mir, dass er die Zusammenarbeit mit Taizé vertiefen möchte. Während des Gottesdienstes in Moskau sagte ich mir: Wir haben es bitter nötig, uns dem Schatz zu öffnen, der in die Christenheit des Ostens gelegt wurde. Diese hat über die Jahrhunderte die Feier der Glaubensgeheimnisse in einer tiefen Treue zu den Kirchenvätern lebendig erhalten. Die Christen der Ostkirche wissen, dass in der Anbetung die Güte Gottes wahrnehmbar wird. Vor allem im Gebet – als gottesdienstliche Handlung oder als Herzensregung – finden sie Zugang zu den Geheimnissen des Glaubens: die Menschwerdung Christi, sein Tod und seine Auferstehung, seine Auffahrt zum Vater und die Gegenwart des Heiligen Geistes in der Kirche. Und aus der Betrachtung des Geheimnisses der Heiligen Dreifaltigkeit in der Liturgie schöpfen sie ihren Sinn für die Größe des Menschen: Gott ist Mensch geworden, damit der Mensch an Gott teilhat, jeder Mensch ist gerufen, zusammen mit Christus schon auf der Erde verklärt zu werden.

Könnten die Gottesdienste in der Westkirche, ohne im Geringsten die gemeinschaftliche Dimension zu vernachlässigen, noch mehr zur Anbetung, zur Innerlichkeit, zu einer persönlichen Gemeinschaft mit Gott führen?

In der Ostkirche heißt die Epiphanie Theophanie – „Erscheinung Gottes". Die liturgische Überlieferung verbindet die Geschichte der Weisen, die Taufe Jesu und die Hochzeit in Kana, weil zu Beginn der Evangelien an diesen drei Stellen das Geheimnis Christi offenbart wird: als Mensch strahlt er das Erbarmen Gottes aus.

Durch sein Kommen auf die Erde hat Jesus die grenzenlose Liebe Gottes zu allen Menschen und allen Nationen offenbart. Er hat Gottes Ja zutiefst in das Menschsein eingeschrieben. Gott nimmt uns alle auf wie wir sind, mit dem, was gut ist, aber auch mit unseren dunklen Seiten, unseren Fehlern. Wenn wir uns mit allem, was wir sind, Gott anvertrauen, können wir nicht länger an der Welt oder an uns selbst verzweifeln.

Gelobt seist du, Christus Jesus. Durch dich nimmt Gott unser Leben an und erhellt es. In dir erstrahlt das Erbarmen Gottes für alle Menschen und alle Nationen. Du kommst zu allen, die fern sind von Gott, und gibst unserem zerbrechlichen Dasein einen Sinn. Wenn wir auf dein Licht schauen, durchdringt es uns, und wir können zu dir sagen: Jesus, meine Freude, meine Hoffnung und mein Leben.

FASTENZEIT, PASSIONSZEIT

Sich Gott zuwenden

Altarraum in der Kirche von Taizé

Die Fastenzeit lässt uns mit ihrer Dauer von vierzig Tagen zunächst an die Wüste denken. Jesus verbrachte dort vierzig Tage in Einsamkeit, das Volk Gottes ist vierzig Jahre lang durch sie hindurch gezogen.

Frère Roger erinnerte in den Wochen vor Ostern gerne daran, dass sie keine Zeit von Entbehrung oder Trauer sind, keine Zeit, um Schuldgefühle zu hegen, sondern ein Anlass, die Freude der Vergebung zu besingen. Für ihn war die Fastenzeit eine vierzigtägige Vorbereitung darauf, immer wieder den einen oder anderen kleinen Frühling in unserem Leben zu entdecken.

Am Anfang des Matthäusevangeliums ruft Johannes der Täufer: „Kehrt um!", und meint damit: „Wendet euch Gott zu!" Ja, während der Fastenzeit, möchten wir uns Gott zuwenden und uns sein Verzeihen schenken lassen. Christus hat das Böse besiegt, und seine beständige Vergebung kann unser inneres Leben erneuern. Wir sind zu einer Umkehr aufgerufen: nicht sich um sich selbst drehen und nur sich selbst begutachten und vervollkommnen wollen, sondern nach Gemeinschaft mit Gott und mit den anderen Ausschau halten.

Uns Gott zuwenden! Vielen fällt es immer schwerer, an Gott zu glauben. Besonders die Menschen in der westlichen Welt sehen in der Annahme, dass es Gott gibt, eine Einschränkung ihrer Freiheit. Sie denken, dass sie sich im Leben alleine durchschlagen müssen. Es scheint ihnen undenkbar, dass Gott an ihrer Seite geht.

Einmal besuchte ich unsere Brüder, die seit über dreißig Jahren in Korea leben. Auf der Reise kamen wir, ein anderer Bruder und ich, in verschiedenen asiatischen Ländern mit Jugendlichen zusammen. In Asien beeindruckte mich immer wieder, mit welcher Selbstverständlichkeit die Menschen dort zu beten scheinen. Gleich welcher Religion sie angehören, Ehrfurcht und Sinn für Anbetung verstehen sich für sie ohne weiteres.

Es gibt in diesen Ländern nicht weniger Spannungen und Gewalttätigkeiten als im Westen. Aber das Gespür für das innere Leben, die Ehrfurcht vor dem Wunder des Lebens und der Schöpfung, sowie die Achtung vor dem Geheimnis, vor dem Unverfügbaren liegen den Menschen dort vielleicht näher.

Wie können wir unser inneres Leben erneuern und dabei immer wieder neu eine persönliche Beziehung zu Gott finden? Jede und jeder von uns spürt einen Durst nach dem Unendlichen. Gott hat uns mit solcher Sehnsucht nach dem Absoluten geschaffen. Geben wir ihr in uns Raum!

Einer der Gesänge aus Taizé kann diese Sehnsucht nähren. Die Worte stammen von dem spanischen Dichter Luis Rosales, der darin Gedanken Johannes' vom Kreuz aufnimmt: „Des Nachts sind wir unterwegs zur Quelle, und nur der Durst ist uns Licht auf dem Weg." Für viele gehört es zur Fastenzeit, auf etwas zu verzichten. Doch soll dies nicht eine Askese um ihrer selbst willen sein. Der Verzicht kann uns vielmehr helfen, zu unserer tieferen Sehnsucht vorzustoßen, zu unserem Durst nach Wesentlicherem, und dieser Durst kann uns Licht auf dem Weg sein.

Wir sind bisweilen in der Nacht oder wie durch eine Wüste unterwegs. Umso wichtiger ist es, dass wir als Glaubende nicht irgendwelchen Idealvorstellungen nachhängen, sondern Christus folgen. Wir sind nicht allein, er geht vor uns her. Ihm nachfolgen ist mit einem inneren Kampf verbunden, bei dem wir immer wieder Entscheidungen zu fällen, ein Leben lang Treue zu erweisen haben. Wir folgen ihm nicht aus eigener Kraft nach, sondern indem wir uns seiner Gegenwart überlassen. Der Weg ist uns nicht vorgegeben, wir müssen mit Überraschungen rechnen und mit Unvorhergesehenem schöpferisch umgehen.

Und Gott wird nicht müde, immer wieder zusammen mit uns aufzubrechen. Wir können glauben, dass Gemeinschaft mit ihm möglich ist, und auch unsererseits nie müde werden, den inneren Kampf neu aufzunehmen. Wir wissen, dass wie als Arme des Evangeliums unterwegs sind, die sich der Barmherzigkeit Gottes anvertrauen.

Die Fastenzeit lädt uns ein zu teilen. Sie lässt uns ahnen, dass es keine Selbstverwirklichung gibt ohne Bereitschaft zum Verzicht, eine Bereitschaft aus Liebe. Als Jesus – wiederum in der Wüste – voll Mitleid und Erbarmen auf die Menschen schaute, die ihm gefolgt waren, vermehrte er fünf Brote und zwei Fische, um allen zu essen zu geben. Welche Zeichen des Miteinanderteilens können wir setzen?

Das Evangelium betont die Einfachheit der Lebensweise. Es ruft uns auf, uns aus freien Stücken, nicht unter Zwang einzuschränken. Es kommt darauf an, unsere Sehnsüchte zu sortieren. Sie sind nicht alle schlecht, alle sind aber auch nicht gut. Es geht darum, geduldig zu lernen, welchen man vorrangig nachgehen und welche man aufgeben sollte. Dieser Aufruf ist heute wieder ganz aktuell, für den Einzelnen wie im gesellschaftlichen Leben. In frei gewählter Einfachheit kann man davon ablassen, Überflüssigem hinterherzulaufen, und sich bei den am meisten Benachteiligten dem Einsatz gegen die Armut verschreiben.

Das Evangelium ruft uns zur Einfachheit auf. Die Einfachheit wählen öffnet uns das Herz für das Miteinander und für die Freude, die von Gott kommt.

Wagen wir es, während der Fastenzeit unseren Lebensstil zu überdenken, nicht um uns und anderen ein schlechtes Gewissen zu machen, sondern um Wege zu finden, mit den ärmsten Menschen solidarisch zu sein. Das Evangelium ermutigt uns, frei miteinander zu teilen und das, was wir haben, in der schlichten Schönheit der Schöpfung zur Geltung kommen zu lassen.

Heiliger Geist, uns
allen bringst du die
Vergebung, das grenzenlose
Erbarmen Gottes; deine
Gegenwart vereint uns in
einer einzigen Gemeinschaft.
Wenn wir unseren Besitz
mit den Menschen teilen,
die nicht genug haben, geht
uns das Herz auf, und du
kommst und entzündest in
uns das Feuer deiner Liebe.

GRÜNDONNERSTAG

Ich habe euch geliebt

Kreuz im Chor der Kirche der Versöhnung von Taizé

„Iᴄʜ ʜᴀʙᴇ ᴇᴜᴄʜ ɢᴇʟɪᴇʙᴛ": Mehrmals fällt dieses Wort im Bericht des Johannesevangeliums über den letzten Abend, den Jesus mit den Jüngern verbringt (Johannes 13,34 und 15,9.12). Es ist wie ein Schlüssel zum Verständnis der gesamten Erzählung.

Der Evangelist Johannes berichtet von diesem Abend zunächst, dass Jesus den Jüngern die Füße wusch. Die anderen drei Evangelien erinnern an gleicher Stelle daran, dass Jesus mit den Jüngern Abendmahl hielt. Es ist ein glücklicher Umstand, dass wir eingeladen sind, an ein und demselben Tag der Einsetzung der Eucharistie und der Fußwaschung zu gedenken. Beide Gesten gehören eng zusammen: Sie drücken in äußerster Einfachheit das ganze Geheimnis der Person Jesu aus. Anders als durch Worte, vielleicht sogar besser als mit Worten, zeigt Jesus, was den Kern des Evangeliums ausmacht: „Ich habe euch bis zur Vollendung geliebt."

Bei der Eucharistie wie bei der Fußwaschung besteht ein ergreifender Kontrast zwischen der Handlung und dem Ausmaß ihrer Bedeutung. Ihre große Schlichtheit macht beide Zeichenhandlungen allen Menschen zugänglich. Die Eucharistie ist eine Zusammenfassung unseres Glaubens, und wir können sie nur in einer anbetenden Haltung empfangen, im Geist der Kindheit. Je öfter wir dieses Geheimnis feiern desto tiefer erschließt es sich uns.

„Das ist mein Leib": Dieses Wort übersteigt unser Verstehen. So hat niemand je zuvor gesprochen, so wird keiner jemals wieder sprechen. Es ist ein in der Religionsgeschichte einzigartiges Wort. Es lässt sich nicht anders erklären, als aus sich selbst. Nichts rechtfertigt es außer der Tatsache, dass Jesus selbst es ausspricht. Hüten wir uns vor der Versuchung, eine Erklärung zu suchen, die das Geheimnis in den Bereich unseres Verstehens einsperren würde.

Wenn wir die Eucharistie feiern, vertrauen wir den Worten Jesu Christi, wie sie uns die ersten Christen überliefert haben: „Das ist mein Leib, der für euch hingegeben wird." Die Kirche gibt dieses stets durch den Heiligen Geist vergegenwärtigte Geheimnis von einer Generation zur nächsten weiter. Durch die Eucharistie nehmen wir Christus in unser Leben auf, der mit seiner Selbsthingabe in der Liebe bis zum Äußersten ging. Die Hingabe seines Lebens trägt im Leben seiner Jünger Frucht. „Ich bin der Weinstock, ihr seid die Reben … Mein Vater wird dadurch verherrlicht, dass ihr reiche Frucht bringt" (Johannes 15,5.8).

Die Fußwaschung führt uns die Demut Jesu vor Augen. Sie erstaunt uns stets von neuem. Diese tiefe Demut hat eine Kraft zu lieben in sich, die die ganze Schöpfung erneuert.

Die Allmacht Gottes ist die Macht seiner Liebe. Jesus hat „die Welt überwunden" (Johannes 16,33), nicht weil er stärker war als sie, sondern weil durch ihn eine ganz andere, ganz neue Kraft in die Welt gekommen ist. Am Gründonnerstagabend singen wir von ihr in Taizé mit dem lange wiederholten Gesang: „Ubi caritas et amor, Deus ibi est" – Wo die Liebe ist, da ist Gott. Gottes Macht ist die Kraft einer Liebe, die sanft und von innen heraus wirkt. Sie überwindet alles noch so Harte im Leben, selbst den Tod.

Ist uns wirklich bewusst, dass wir in der Feier der Eucharistie Christus die Tür öffnen, damit die Kraft seiner Liebe unser Leben und die Welt von heute durchdringen kann? Ist uns wirklich bewusst, dass wir mit einem so schlichten Dienst wie dem der Fußwaschung es ermöglichen, dass die Gegenwart des auferstandenen Christus in der Welt wirkt? Unser Einsatz hat – und so war es auch im Leben Jesu – oft zeichenhaften Charakter. Vielleicht tun wir nichts weiter, als den Menschen, die uns anvertraut sind, die Füße zu waschen. Unser solidarisches Handeln ist aber ein Zeichen, das Christus den Weg bahnt und die Menschheit verändern kann.

Ist uns wirklich bewusst, dass Eucharistie und Fußwaschung das Reich Gottes vorwegnehmen? Sie eröffnen mitten in der Welt einen Horizont der Hoffnung.

Wie eng Eucharistie und Fußwaschung miteinander verbunden sind, wurde uns Brüdern eindringlich vor Augen geführt. Einige von uns Brüdern lebten acht Jahre in einem der ärmsten Slums Afrikas, in Mathare Valley in Nairobi, Kenia. Auch Frère Roger hatte am Anfang einige Zeit dort verbracht. Welchen Sinn hat ein solches Zeichen, wenn man nicht viel besitzt, um etwas am Elend unzähliger Menschen ändern zu können?

Wie konnten wir durchhalten? Dem Beispiel der Gemeinschaft der Kleinen Schwestern Jesu folgend, fragte Frère Roger den Erzbischof von Nairobi, ob die Brüder in ihrer armseligen Hütte die eucharistischen Gaben aufbewahren können. Der Erzbischof war einverstanden und feierte im Elendsviertel eine Eucharistie. Jahre später notierte einer der Brüder: „Ohne das tägliche Gebet vor den eucharistischen Gaben hätte ich nicht durchgehalten." Es war wie eine Quelle des Lebens, die es den Brüdern erlaubte, weiterhin durch ihre bloße

Anwesenheit den Menschen des Viertels „die Füße zu waschen". Und allmählich entstanden kleine Initiativen gegenseitiger Hilfe.

Natürlich entbindet ein Leben bloßer Anwesenheit, wie das der Brüder in Kenia, die Christen nicht davon, sich für die Überwindung strukturellen Unrechts einzusetzen. Wenn wir aber nicht Seite an Seite mit den Geringsten leben, können wir ihre Würde nicht wirklich erkennen und kaum herausfinden, was zu tun ist, damit diese geachtet wird. Das Evangelium ruft uns auf, uns den Armen ganz zuzuwenden und nicht dabei stehen zu bleiben, sie lediglich helfend zu betreuen oder zu bevormunden. Dann erst nehmen wir wahr, wie viel auch sie uns schenken und wir von ihnen empfangen können.

Tiefer verinnerlichen, wie eng Eucharistie und Dienst am Nächsten miteinander verbunden sind – liegt nicht darin für die Kirche von heute eine Quelle der Erneuerung? Die Eucharistie lädt uns ein, einander die Füße zu waschen, und wie Jesus in der Liebe bis zum Äußersten zu gehen, zu lieben, wie er geliebt hat.

Jesus, durch dein Kommen auf die Erde begreifen wir, dass Gott die Liebe ist. Am Vorabend deines Leidens hast du einen niedrigen Dienst erwiesen, hast du deinen Jüngern die Füße gewaschen. Heute schenkst du dich uns in der Eucharistie, der Verheißung eines Lebens in Fülle. So können wir dir nachfolgen und auch unsererseits einen Weg der Liebe bis ans Ende gehen.

KARFREITAG

Das Kreuz hat nicht das letzte Wort

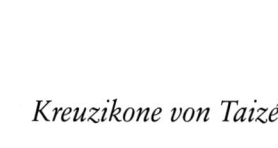

Kreuzikone von Taizé

An Weihnachten feiern wir einen Gott, der uns nah ist, der aus Liebe Mensch wird und unsere Lebensbedingungen teilt. An Karfreitag erinnern wir uns daran, dass Jesus auf diesem Weg bis zum Äußersten gegangen ist: Er wird verraten, festgenommen, verurteilt, gefoltert und er stirbt in vollkommener Erniedrigung.

Jesus stellt sich an die Seite der Armen und Schwachen. Auf den ersten Blick ist das anstößig, gar eine völlige Torheit. Indem er sein Leben am Kreuz hingibt, wählt er den letzten Platz, willigt er ein in die Schande des Scheiterns. Er nimmt die Last von Leid, Hass und Tod auf sich, um uns davon zu befreien. Damit schreibt er das Ja Gottes tief in das Wesen des Menschen ein. Selbst als er misshandelt wird, nimmt Jesus dieses Ja zum Menschen nicht zurück. Darin besteht sein Auftrag; er erfüllt ihn und bezahlt den Preis dafür.

Am Kreuz breitet Jesus die Arme aus, um die ganze Menschheit und die gesamte Schöpfung in Gottes Liebe zusammenzuführen. In ihm zeigt sich die Güte Gottes für jeden Menschen. Um die Menschheit mit Gott zu versöhnen, „entäußerte sich Jesus und wurde wie ein Sklave und den Menschen gleich, er war gehorsam bis zum Tod, bis zum Tod am Kreuz" (Philipper 2,5–11).

So stiftet Jesus den Neuen Bund, eine neue Gemeinschaft mit Gott. Sie schafft eine Gegenseitigkeit: Jesus lädt auf sich, was die Menschheit von Gott trennt, er macht sich das Schicksal eines jeden Menschen zu Eigen, und im Gegenzug lässt er uns am Leben Gottes teilhaben. Dass Gott in Christus durch die Menschwerdung herabgekommen ist und dass er die äußerste Demütigung am Kreuz auf sich genommen hat, wird für alle Zeiten Anlass zum Staunen und Quelle neuen Lebens sein. Bereits im zweiten Jahrhundert wagte Irenäus von Lyon zu formulieren: „In seiner grenzenlosen Liebe wurde Christus zu dem, was wir sind, um uns gänzlich zu dem zu machen, was er ist."

Selbst in der Stunde, in der Jesus die Last der ganzen Menschheit auf seinen Schultern trägt, vergisst er die Schmerzen derer nicht, die ihm am nächsten stehen. Er sieht Maria, seine Mutter, und bittet Johannes, den Jünger, den er besonders liebt, sich von nun an um sie zu kümmern (Johannes 19,26–27). So wird ganz unscheinbar unter dem Kreuz die Kirche geboren. Er sieht in seiner Nähe auch die, die ihn verfolgen. In jenem entscheidenden Moment bittet er Gott, ihnen Vergebung zu schenken: „Vater, vergib ihnen, denn sie wissen nicht, was sie tun" (Lukas 23,34). Gottes Vergebung hat keine Grenzen; sie bleibt eine Quelle, die nicht versiegt.

Am Kreuz teilt Christus mit uns selbst noch das Schweigen Gottes: Als Antwort auf sein Leiden folgt eine große Stille. Er erfährt, was es heißt, sich fern von Gott, ja von Gott verlassen zu fühlen. In dieser abgrundtiefen Verlassenheit ruft er mit den Worten des Psalmisten: „Mein Gott, mein Gott, warum hast du mich verlassen?" (Matthäus 27,46) So ging selbst seine Verlassenheit in das Zwiegespräch der Liebe mit seinem Vater ein.

In jenem Augenblick verwandelt sich sein Schrei aus Not und Elend. Eines kann ihm niemand nehmen: das Vertrauen, von Gott geliebt zu sein, und dass er diese Liebe weiterträgt, weil er sein Leben hingibt. So kann er leise sagen: „Vater, in deine Hände lege ich meinen Geist" (Lukas 23,46). Und sein letzter Atemzug unter größten Schmerzen verströmt zugleich die Liebe Gottes.

Der Apostel Petrus liebte Jesus, aber es fiel ihm schwer, ihn als machtlosen Messias anzunehmen. Die Vorstellung, Jünger eines gedemütigten Messias zu sein, wurde für ihn so unerträglich, dass er Jesus nach dessen Verhaftung verleugnete. Jesus, bereits in den Händen der Soldaten, blickte ihn daraufhin an. Wie hat dieser Blick Petrus getroffen? Hat er verstanden, dass Jesus ihm nicht sein Vertrauen entzog (Lukas 22,61)? Später wird Petrus die im Entstehen begriffene kleine Kirche anvertraut. Und er wird zusammen mit den anderen Jüngern bezeugen, dass das Kreuz wirklich nicht das letzte Wort hat.

Was am Kreuz geschieht, übersteigt unser Begreifen. Wenn wir dieses Geschehen aber feiern und im Gebet mitvollziehen, erfassen wir allmählich, welche unerhörte Hoffnung es uns erschließt. Diese Hoffnung ist kein zweifelhafter Optimismus. Wir setzen unser Vertrauen in Jesus Christus, der gestorben und auferstanden ist, und dies öffnet uns das Herz, damit wir uns auch schwierigen Verhältnissen mit klarem Blick stellen können. Aus der persönlichen Beziehung mit Christus wachsen uns neue Kräfte zu.

Ich denke an einen jungen Mann, dem ich von Zeit zu Zeit in Taizé begegne. Er hat eine unheilbare, fortschreitende Krankheit, unter der er unvorstellbar leidet. Eine Möglichkeit nach der anderen, sich in seinem Leben zu entfalten, wird ihm genommen. Dennoch ist sein Blick erstaunlich offen, sein ganzes Verhalten überraschend aufgeschlossen. Einmal sagte er zu mir: „Ich weiß jetzt, was Vertrauen bedeutet. Früher brauchte ich es nicht, jetzt schon." Dieser junge Mann vermittelt einen schlichten aber wahrhaftigen Widerschein vom Geheimnis des Kreuzes und der Auferstehung. Wenn er wüsste, wie sehr er mit seiner Haltung vielen Menschen Hoffnung gibt!

In Taizé legen wir jeden Freitag – nicht nur am Karfreitag – am Ende des Abendgebets die Kreuzikone, die in unserer Kirche steht und hier abgebildet ist, flach auf den Boden. Jede und jeder kann zu ihr kommen und die Stirn auf das Holz des Kreuzes legen, um so Christus die eigenen Lasten zu überlassen und die Lasten anderer, die ihr oder ihm anvertraut sind.

Alle Menschen, die in ihrem Leben ein schweres Kreuz tragen, die seelisch oder körperlich leiden, Kranke, aus ihrer Heimat Vertriebene, Opfer jeglicher Ungerechtigkeiten können sich bei diesem Gebet am Freitagabend mit dem Kreuzweg Jesu Christi vereinen.

Gott versteht unsere Bitten, gleich in welcher Sprache wir uns an ihn wenden – auf Französisch, Deutsch, Englisch, Koreanisch, Suaheli, Aymara ... Aber er versteht auch unsere Körpersprache. Wenn wir im Gebet keine Worte finden, kann sich unser Vertrauen schon darin zeigen, dass wir zum Kreuz kommen. Wagen wir es, mit dieser Geste Christus alles anzuvertrauen, uns selbst und die anderen!

Solche Gemeinschaft um das Kreuz ist wertvoll, weil so das Geheimnis des Osterdurchgangs immer mehr zum tragenden Geheimnis unseres Lebens werden kann. Christus nimmt uns ab, was für uns zu schwer ist. Im Evangelium sagt er zu uns: „Kommt alle zu mir, die ihr euch plagt und schwere Lasten zu tragen habt. Ich werde euch Ruhe verschaffen" (Matthäus 11,28).

Jesus Christus, du hast gelitten und du hast dein Leben hingegeben, damit jeder Mensch sich von Gott geliebt wissen kann. Durch dich entdecken wir: Nichts kann uns von der Liebe Gottes trennen. Du vertraust uns diese Gewissheit des Evangeliums an, die uns in ein und derselben Gemeinschaft vereint. Gib, dass wir überall, wo wir leben, für die Gemeinschaft deiner Kirche achtsam sind.

OSTERN

Hoffnung für die Welt

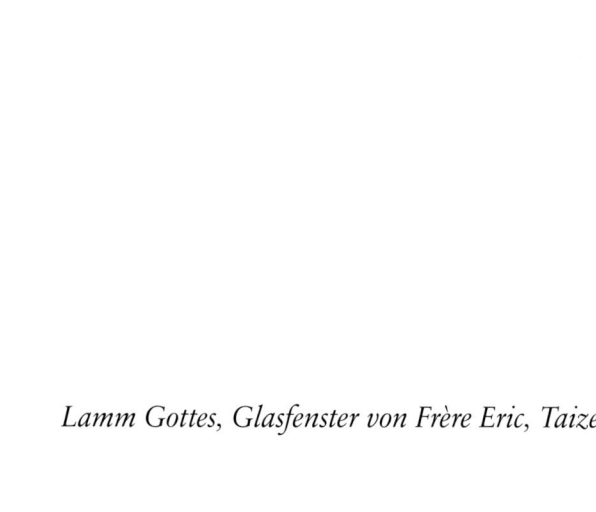

Lamm Gottes, Glasfenster von Frère Eric, Taizé

Das Osterevangelium berichtet von einer Frau, Maria von Magdala, die weint und völlig erschüttert ist, als seien mit dem Tod Jesu alle ihre Hoffnungen gestorben (Johannes 20,11–18). Während sich die Apostel Jesu aus Furcht hinter verschlossenen Türen verstecken, eilt sie zum Grab. Mit ihrem Verhalten drückt sie nicht nur ihre Trauer aus, sondern auch eine Erwartung, so unbestimmt sie auch sein mag. Es ist die Erwartung einer Liebe, die selbst durch tiefstes Leid nicht völlig ausgelöscht werden kann.

Da kommt Jesus, der Auferstandene, auf sie zu. In überraschender Weise, nicht triumphierend, sondern so schlicht, dass sie ihn nicht erkennt und für den Gärtner hält. Jesus ruft sie beim Namen, „Maria", und auf einmal ist alles anders. Maria erkennt in ihrem Herzen die Stimme Jesu. Sie wendet sich ihm zu und sagt: „Rabbuni, Meister." In ihr regt sich neues Leben, sie schöpft Vertrauen, dass Jesus, wenn auch auf andere Weise, nahe ist. Dann sendet der Auferstandene sie aus: „Geh zu meinen Brüdern und sag ihnen, dass ich auferstanden bin!" Ihr Leben bekommt einen neuen Sinn, sie hat einen Auftrag zu erfüllen.

Auch in uns brennt wie in Maria von Magdala eine Erwartung, oft in Form unbeantworteter Fragen. Wir empfinden diese Erwartung manchmal als einen Mangel oder eine Leere. Sie entringt sich uns vielleicht als Schrei aus der Not oder als ein wortloses Seufzen. Doch damit beginnen wir schon, uns für Gott zu öffnen. In dieser, wenn auch undeutlichen Erwartung von Gemeinschaft, kann das Vertrauen auf Gott aufkeimen.

Da ruft Christus uns beim Namen. Er kennt jede und jeden von uns persönlich. Er sagt zu uns: „Geh zu meinen Brüdern und Schwestern; sag ihnen, dass ich auferstanden bin. Gib meine Liebe durch dein Leben weiter." In einer Zeit, in der nicht wenige die Orientierung verlieren, hängt viel davon ab, ob es Menschen gibt, die mutig auf dem Weg des Glaubens und der Liebe weitergehen. Der Mut der Maria von Magdala spornt auch uns an. Als Frau und ganz allein wagt sie sich zu den Aposteln Jesu, um ihnen die unglaubliche Nachricht zu überbringen: „Christus ist auferstanden!" Sie versteht es, die Liebe Gottes durch ihr Leben weiterzugeben.

Jede und jeder von uns kann dieses Vertrauen auf Christus anderen Menschen vermitteln. Dann geschieht etwas Überraschendes: Indem wir dieses Vertrauen weitergeben, dringen wir immer tiefer ein in das Geheimnis der Auferstehung Christi. So wird dieses Geheimnis immer mehr zur Mitte unseres Lebenswegs und kann unser Leben verändern.

Aber wie können wir es in Worte fassen? Für die Jünger Jesu war die Auferstehung etwas derart Neues, dass ihnen die Worte dafür fehlten. Und dennoch wagten sie es, das Unbeschreibliche weiterzusagen: Christus hat bis zum Äußersten geliebt und vergeben. Im Herzen der zerrissenen Schöpfung, so deutet es das abgebildete Glasfenster an, ist das Lamm Gottes, das die Sünde der Welt hinweg nimmt, Verheißung einer neuen Schöpfung. Seine Liebe war stärker als der Tod, er hat den Teufelskreis der Gewalt durchbrochen, er ist auferstanden und durch den Heiligen Geist gegenwärtig. Das ist die Quelle einer Hoffnung jenseits aller Hoffnung.

Am Ende seines ersten Briefs an die Christen in Korinth spricht Paulus über die Auferstehung mit Worten, welche die ersten Christen schon vor ihm formulierten: „Ich habe euch überliefert, was auch ich empfangen habe; Christus ist für unsere Sünden gestorben, gemäß der Schrift, und ist begraben worden. Er ist am dritten Tag auferweckt worden, gemäß der Schrift, und erschien dem Kephas, dann den Zwölf" (1 Korinther 15,3–5). Auch wir können uns wie Paulus auf den Glauben der Christen stützen, die uns vorausgegangen sind. Im Alleingang kann man nur schwer an die Auferstehung glauben. Erst durch die Erfahrung der Gemeinschaft aller Christen, der ganzen Kirche, entfaltet sich unser Glaube.

Wie können wir in unserem täglichen Leben solch persönliche Gemeinschaft mit dem Auferstandenen erneuern, der stets gegenwärtig ist? Wenn wir ein Wort im Evangelium lesen, begegnen wir ihm. In der Eucharistie empfangen wir die Gabe seines Lebens. Wenn wir uns in seinem Namen versammeln, ist er mitten unter uns. Und es gibt einen überraschenden Weg, auf dem er zu uns kommt: Er ist auch in den Menschen gegenwärtig, die uns anvertraut sind, insbesondere in denen, die ärmer sind als wir. Er hat es selbst gesagt: „Ich war hungrig und ihr habt mir zu essen geben; ich war fremd, und ihr habt mich aufgenommen" (vgl. Matthäus 25,35).

Einmal besuchte ich die Brüder unserer Communauté, die seit vielen Jahren in einem sehr armen Viertel einer Stadt im Nordosten Brasiliens leben. Sie kümmern sich um Kinder und Jugendliche, unter ihnen Gehörlose und Blinde. Einer dieser Jugendlichen geht mir nicht aus dem Sinn. Er ist blind und hat ein völlig entstelltes Gesicht, so dass es nicht leicht fiel, ihn länger anzusehen. Plötzlich sang dieser Blinde mit fester Stimme: „Ich sehe Gott! Ich sehe Gott im Lachen eines Kindes. Ich sehe Gott im Rauschen des Meeres. Ich sehe Gott in der Hand, die den Armen gibt ...“ Seine Stimme war voller Leben und Hoffnung; es war wie ein Gesang der Auferstehung.

An Christus glauben, glauben, dass er da ist, auch wenn wir ihn nicht sehen, glauben, dass er durch den Heiligen Geist in der Welt wirkt und in unseren Herzen wohnt, darin liegt das Wagnis, zu dem das Osterfest uns einlädt. So gibt die Auferstehung Christi unserem Leben einen neuen Sinn, und entzündet eine Hoffnung für die Welt.

Diese Hoffnung ist zutiefst schöpferisch. Sie lässt nicht zu, dass wir der Versuchung nachgeben, mutlos zu werden. Sie bewahrt uns davor, angesichts einer ungewissen Zukunft der Welt und der gesamten Schöpfung in Resignation zu verfallen.

Im Blick auf Leid, Gewalt und Ausbeutung entspringt aus dem Evangelium eine Quelle neuer Hoffnung. Lassen wir sie nicht versanden! Ob wir uns von der Gegenwart des Auferstandenen berühren lassen, der an der Seite einer jeden, eines jeden von uns ist?

Christus Jesus, du hast den Tod besiegt und durch den Heiligen Geist bist du auf geheimnisvolle Weise jeder und jedem von uns nahe. Du bewahrst uns vor Entmutigung und erfüllst uns mit Hoffnung. So wagen wir es, auch mit einem ganz geringen Glauben durch unser Leben zu sagen: „Christus ist auferstanden!"

CHRISTI HIMMELFAHRT

Ihr werdet meine Zeugen sein

Christi Himmelfahrt, Glasfenster von Frère Eric, Taizé

Die Himmelfahrt Jesu ist unserer heutigen Mentalität nicht ohne weiteres zugänglich. Wie kann man dieses Ereignis verstehen? Die Bibel erzählt in der Sprache und mit den Bildern, die ihre Verfasser zur Verfügung hatten, dass Jesus vierzig Tage nach seiner Auferstehung in den Himmel aufgenommen wurde. Nach einer Zeit intensiver, ganz besonderer Nähe mit dem Auferstandenen müssen seine Gefährten hinnehmen, von ihm getrennt zu sein. Sie erinnern sich daran, dass er ihnen ausdrücklich gesagt hatte: „Es ist gut für euch, dass ich fortgehe" (Johannes 16,7). Warum? Weil so der Heilige Geist kommen und in ihnen wohnen kann: „Ihr werdet die Kraft des Heiligen Geistes empfangen, der auf euch herabkommen wird" (Apostelgeschichte 1,8).

Nach dem Tod Jesu machten die Jünger eine schwierige Zeit durch; sie hatten die Orientierung verloren.

Die neue Hoffnung, die ihnen aus der Auferstehung Jesu entstand, hat sie nicht von einem Tag auf den anderen erfasst. Auch wir kennen Momente im Leben, in denen wir uns hilflos und auf unsere ganz begrenzten Kräfte zurückgeworfen fühlen, in denen wir auf eine „Kraft von oben" warten. Diese Kraft werden die Jünger am Pfingsttag empfangen.

Nach und nach, im Lauf von vierzig Tagen, lassen die Jünger sich auf den Glauben ein, dass Christus auferstanden ist. Und sie werden bereit, auch die Trennung hinzunehmen, oder vielmehr die Tatsache, dass Jesus auf andere, unsichtbare Weise bei ihnen ist. Sie begreifen, dass die Auferstehung nicht nur Jesus betrifft, sondern sie selbst und alle Menschen angeht. Durch seine Rückkehr zum Vater bahnt Jesus der ganzen Menschheit einen Weg, wo vorher keiner war. Die Himmelfahrt Jesu offenbart, dass sein Menschsein für immer in Gott aufgehoben ist, und stellt damit die erneuerte (und bereits in der Menschwerdung zu Weihnachten enthaltene) Verheißung dar, dass auch wir an Gottes Leben teilhaben.

Jesus wird, so sagen es uns das Evangelium und die Apostelgeschichte, mit seinem Leib bei Gott aufgenommen. Dies übersteigt unser Verstehen; es geht nicht um irgendwelche Spekulationen über das Leben nach dem Tod, sondern darum, welche Würde der Mensch – als Leib, Seele und Geist – in den Augen Gottes hat. Mit

Jesus ist unser Menschsein bei Gott angenommen.
Auch unser Leib hat eine Zukunft, selbst wenn wir uns
diese nicht vorstellen können; er ist wie ein Samenkorn
das gesät wird und stirbt, um zu wachsen (vgl. 1 Korinther 15,36–44).

In der Abschiedsstunde sagt Jesus zu seinen Jüngern:
„Ihr werdet meine Zeugen sein bis an die Grenzen der
Erde" (Apostelgeschichte 1,8). Dies ist zugleich eine
Aufforderung und eine Verheißung: Die Liebe, die er
ihnen entgegenbrachte, verwandelt sie, verändert zutiefst ihre Identität; die ersten Christen sprachen von
einer Neugeburt. Sie haben von diesem Augenblick an
etwas in sich, das über sie hinausgeht, ihr Leben wird
zu einem Zeichen der Liebe Gottes. Das Wort, das
Jesus zu ihnen gesagt hatte, wird sich bestätigen: „Wer
euch hört, der hört mich" (Lukas 10,16).

Wenn wir nun die Rückkehr Jesu zu Gott feiern, ist
es als würde er auch zu uns sagen: Jetzt ist es an euch,
meine Liebe bis an die Enden der Erde weiterzugeben;
ihr setzt mein Werk in der Welt fort; die Kraft des
Heiligen Geistes wird euch aufrichten und euch den
Mut geben, den ihr braucht, wann immer ihr seiner
bedürft.

Wir müssen wie die Jünger Jesu manchmal zu neuen
Ufern aufbrechen, zu weit entfernten oder ganz nahe
liegenden, um die Hoffnung des Evangeliums zu ver-

mitteln. Jesus erfüllte seinen Auftrag in großer Einfachheit. Und er hatte zu den Jüngern gesagt: Nehmt nichts mit (vgl. Lukas 10,4), macht euch ohne Gepäck auf den Weg. Mit derselben Einfachheit können auch wir ohne Angst auf andere zugehen. Schrecken wir also nicht vor Entscheidungen zurück, die uns Mut abverlangen, um Zeugen der Liebe Gottes zu sein!

„Ihr werdet meine Zeugen sein" – diese Worte des auferstandenen Christus rufen uns heute zu einer tiefgehenden Änderung im Herzen auf. Wie können wir Zeugen Christi sein, der zwischen den Menschen die „trennende Wand niedergerissen hat" (Epheser 2,14), wenn wir untereinander Trennungen aufrechterhalten? Nur gemeinsam können wir glaubwürdig Zeugnis ablegen.

Menschen, die Schweres durchgemacht haben, sind sich dessen manchmal bewusster als andere. Anlässlich eines Besuchs bei Christen in China bin ich zusammen mit zwei anderen Brüdern einem achtzigjährigen evangelischen Pfarrer begegnet. Er hat 27 Jahre Arbeitslager hinter sich, war zunächst inhaftiert und dann in weit abgelegener Verbannung. „Im Lager", sagte er zu uns, „waren wir mit Christen anderer Konfessionen zusammen, es gab dort evangelische Pfarrer, Priester, einen Bischof." Dann erhob er sich und sagte mit Nachdruck: „Ich weiß, dass es nur einen einzigen Leib Christi gibt, in ihm sind wir alle vereint, das habe ich erfahren." Nach harten Jahren übernahm er wieder Verantwortung in der Kirche. Und als ich ihn fragte, wie er die Zukunft sehe, antwortete er: „Ich kenne die Zukunft nicht, aber ich kenne Gott. Er wird uns Schritt für Schritt leiten."

Am Fest Christi Himmelfahrt beten wir darum, dass die Hoffnung auf Auferstehung sich in der ganzen Menschheit verbreitet. Und wir stützen uns auf die noch unsichtbare Gegenwart des Auferstandenen, die er uns mit dem letzten Satz des Matthäus-Evangeliums verheißen hat: „Ich bleibe bei euch alle Tage bis ans Ende der Zeiten" (Matthäus 28,20).

Jesus Christus, du bist am Kreuz gestorben, aber du bist auferstanden und heute lebendig. Allen Menschen bereitest du einen Platz bei Gott. Wir stützen uns auf deine von nun an unsichtbare Gegenwart. Wie deinen Jüngern bei deiner Himmelfahrt verheißt du auch uns: „Ich sende euch den Tröster Geist, und ihr werdet meine Zeugen sein."

PFINGSTEN

Es leite uns dein guter Geist!

Pfingsten, Glasfenster von Frère Eric in Taizé

In vielen Teilen der Welt blüht die Natur, wenn der Pfingsttag naht. Der Frühling ist angebrochen, der Sommer ist nicht mehr weit, und der Wind streicht über die Weizenfelder, als ob er selbst die Ähren zum Wachsen gebracht hätte. Im Judentum feiern die Gläubigen zu dieser Zeit das Schawuot-Fest, das Fest des Dankes für das reife Getreide. In mehreren Gleichnissen spricht Jesus vom Reich Gottes, dessen Kommen mit einem Reifungsprozess einhergeht. An Pfingsten beginnt die Zeit der Ernte.

Aber Pfingsten bedeutet auch, dass etwas Neues, Unerwartetes anbricht. Die Ereignisse am Berg Sinai (vgl. Exodus 19–20) deuteten es an, nun soll es sich – gemäß dem christlichen Glauben – erfüllen: Gott tut seinen Willen kund, sein Gesetz ist aber nicht mehr auf Steintafeln geschrieben, sondern in die Herzen. Es geht auch nicht mehr um einen einzelnen, Mose, vielmehr kommt das Feuer des Geistes auf jeden Menschen herab. Durch den Heiligen Geist zieht Gott selbst unmittelbar in uns ein. Der Heilige Geist wird uns geschenkt, um uns in eine persönliche Beziehung mit Gott eintreten zu lassen.

Der Heilige Geist hält sich meist verhalten im Hintergrund; er will uns nicht unseren Platz streitig machen, sondern unsere Persönlichkeit stärken. Im Grunde unseres Wesens sagt er unermüdlich das Ja Gottes zu unserem Leben. So ist jeder von uns in der Lage, das Gebet zu sprechen: „Es leite mich dein guter Geist!" (Psalm 143,10) Dieser Geist trägt uns auf unserem Weg voran.

Am Ende seines Lebens richtete Frère Roger seine Gebete immer öfter an den Heiligen Geist. Er wollte es uns nahelegen, auf dessen unsichtbare Gegenwart zu vertrauen. Er wusste, dass es für das Leben eines Menschen entscheidend ist, darum zu ringen, sich dem Heiligen Geist zu überlassen und an die Liebe Gottes zu glauben.

Während eines Aufenthalts bei unseren Brüdern, die in Korea leben, suchten wir ein buddhistisches Kloster auf. Wir wurden überaus herzlich und brüderlich empfangen. Ich bewunderte sehr den Mut der buddhistischen Mönche dort, im Einklang mit ihren

Überzeugungen zu leben. Sie arbeiten hart daran, sich selbst aus dem Mittelpunkt zu nehmen und sich für eine Wirklichkeit zu öffnen, die größer ist als sie, für das Absolute. Sie haben eine tiefe Weisheit entwickelt und suchen wie wir Christen nach Barmherzigkeit.

Wie können sie durchhalten, fragte ich mich, ohne an einen Gott zu glauben, der sie persönlich liebt? Im Grunde genommen gehen sie ihren Weg in tiefster Einsamkeit. Als Christen glauben wir, dass der Heilige Geist in uns wohnt; zusammen mit Christus können wir zu Gott „Du" sagen. Das ist ein Riesenschritt, der für einen großen Teil der Menschheit unvorstellbar ist.

Jene Begegnung ließ mich erneut über die Offenbarung staunen, die Christus mit sich gebracht hat, und ich sagte mir: Ist es nicht dringlich, dass wir Christen tieferes Vertrauen in die Gegenwart des Heiligen Geistes haben und durch unser Leben zeigen, dass er in der Welt am Werk ist?

Beginnen wir damit, das Geheimnis der Gemeinschaft zu vertiefen, das uns eint. Wenn wir uns im Gebet gemeinsam Christus zuwenden, führt uns der Heilige Geist in der einzigartigen Gemeinschaft zusammen, die die Kirche ist, und schenkt es uns, zu einem neuen Leben geboren zu werden.

Die Gabe des Heiligen Geistes steht in Verbindung zur Vergebung. Der auferstandene Christus sagte zu seinen Jüngern: „Empfangt den Heiligen Geist. Wem ihr die Sünden vergebt, dem sind sie vergeben" (Johannes 20,22–23). Die Kirche ist zuallererst eine Gemeinschaft der Vergebung. Wenn wir verstehen, dass Gott uns seine Vergebung gewährt, werden wir fähig, auch selbst anderen zu vergeben. Natürlich sind unsere Gemeinschaften und Gemeinden immer einfach und oftmals weit von dem entfernt, was wir uns wünschen. Aber der Heilige Geist ist in der Kirche stets gegenwärtig und lässt uns auf dem Weg der Vergebung vorankommen.

Christus sendet uns dazu aus, der ganzen Welt die Frohe Botschaft zu verkünden. Doch bittet er uns auch, dort, wohin er uns vorausgeht, die Zeichen seiner Gegenwart wahrzunehmen. Die ersten Christen entdeckten zu ihrem Erstaunen den Heiligen Geist gerade da, wo sie ihn nicht erwarteten (vgl. Apostelgeschichte 10). Jesus selbst war von der hartnäckigen Zuversicht einer griechischen Mutter (vgl. Markus 7,24–30) und vom Glauben eines römischen Soldaten beeindruckt (vgl. Lukas 7,1–10). Sind wir fähig, die geistlichen Erwartungen unserer Zeitgenossen mit Staunen wahrzunehmen?

Als ich eines Tages unsere Brüder besuchte, die in Dakar, im Senegal, leben, berührte es mich, welche Freundschaft im Stadtviertel zwischen ihnen und manchen Muslimen gewachsen ist. Am Tage meiner

Abfahrt kam ein betagter muslimischer Mann zu uns, sehr gut gekleidet. Ich hielt ihn zunächst für einen Würdenträger, aber es war der Großvater einer benachbarten Familie, der zum Ausdruck bringen wollte, wie glücklich sie über die Anwesenheit der Brüder im Stadtviertel sind. Ich sagte: „Die Freude der Brüder ist noch größer als Ihre." Er antwortete unerschütterlich: „Nein, größer ist unsere Freude!"

Lassen wir in unserem Leben die Früchte des Geistes wachsen: „Liebe, Freude, Frieden, Langmut, Freundlichkeit, Güte, Treue, Sanftmut und Selbstbeherrschung" (Galater 5,22–23). Der Geist lässt uns aufbrechen hin zu den anderen, zuallererst zu den am meisten im Stich gelassenen Menschen. In gelebter Solidarität mit allen, die auf Hilfe angewiesen sind, kann der Heilige Geist unser Leben mit seinem Licht überfluten.

Der Heilige Geist ist heute am Werk. Er spricht uns unermüdlich immer neu die Liebe Gottes ins Herz. Glücklich, die sich nicht der Angst überlassen, sondern dem Atem des Heiligen Geistes. Er ist auch das lebendige Wasser, er ist der Geist des Friedens, der den Durst unseres Herzens stillen und sich durch uns der Welt mitteilen kann.

Heiliger Geist, du bist immer mit uns und in uns. Selbst wenn es uns schwerfällt, deine Gegenwart zu erfassen, wissen wir durch Christus, dass du in unseren Herzen wohnst. Du bist der Tröster und du lässt uns aufbrechen hin zu den anderen, vor allem zu den Menschen, die ärmer sind als wir, damit die Hoffnung auf die Auferstehung das Antlitz der Erde erneuert.

VERKLÄRUNG CHRISTI

Auf ihn sollt ihr hören!

Verklärung Christi, Glasfenster von Frère Eric in Taizé

DIE CHRISTEN DES OSTENS feierten als erste das Fest der Verklärung Christi. Im 12. Jahrhundert wurde es durch Petrus Venerabilis, einem Abt von Cluny, auch im Westen eingeführt. Was wir an diesem Tag feiern, hat in Taizé stets eine große Rolle gespielt. Die Berichte von der Verklärung Christi in den Evangelien (Lukas 9,28–36par) geben uns einen Einblick, wer Jesus wirklich ist, und lassen uns an seinem Geheimnis teilhaben.

Auf dem Berg betet Jesus in tiefer Vertrautheit mit Gott. Die Stimme, die er bei seiner Taufe gehört hatte, vernehmen nun auch seine Jünger: „Das ist mein geliebter Sohn." Das Geheimnis der Person Jesu erscheint vor ihren Augen: Sein Leben besteht in dieser liebenden Beziehung mit Gott, seinem Vater.

Jesus ist aus dieser Beziehung ewiger Liebe zu uns gekommen. Auf Erden verwirklichte er sie in seinem

Menschsein. Seine liebende Beziehung mit Gott wächst, wird durch Anfechtungen hindurch nur noch stärker und offenbart sich immer mehr. Jesus entscheidet sich dafür, sich nur auf Gott zu stützen, und hält an dieser Entscheidung bis in die dunkelste Nacht hinein fest, als er sein Leben am Kreuz hingibt.

Sehen die Apostel das Licht Gottes nicht gerade deshalb in Jesus leuchten, weil er sich so bedingungslos dem Vertrauen überließ? Schon Mose und Elija, die die Apostel neben Jesus stehen sehen, waren von diesem Licht geleitet worden. Aber in Jesus erstrahlt es in einzigartiger Weise. In ihm ist das Licht der Auferstehung bereits entzündet. Sein Menschsein strahlt die Fülle der Liebe Gottes aus. Wie könnten wir je müde werden, verwundert über diese ewige Neuheit zu staunen?

Durch die Verklärung zeigt Jesus nicht nur, dass das Licht Gottes in ihm wohnt, er lässt auch erahnen, dass er dieses Licht mit anderen teilen möchte. Nicht nur sein Menschsein kann verklärt werden, sondern auch das unsere.

Im Zweiten Petrusbrief heißt es, dass die Verklärung Jesu in unserer Nacht die Hoffnung weckt, selbst verklärt zu werden: „Ihr tut gut daran, das Wort der Propheten zu beachten; denn es ist ein Licht, das an einem finsteren Ort scheint, bis der Tag anbricht und der Morgenstern aufgeht in eurem Herzen" (2 Petrus 1,19).

Wenn wir das Licht des verklärten Christus im Gebet betrachten, geht es allmählich in uns ein. Das Geheimnis Christi wird zum Geheimnis unseres eigenen Lebens. Auch wir sind „geliebte Kinder" Gottes. Jede und jeder von uns wird mit ewiger Liebe geliebt.

Auch wir können wie Jesus uns Gott hingeben. Gott verklärt im Gegenzug unsere Person, Leib, Seele und Geist. Dann werden selbst unsere Schwächen und Unvollkommenheiten zu einer Tür, durch die Gott in unser Leben tritt. Die Dornen in uns, die uns im Weg stehen, verbrennt ein Feuer, das unseren Weg erhellt. Unsere inneren Widersprüche, unsere Ängste lösen sich nicht einfach auf; Christus durchdringt aber durch den Heiligen Geist alles, was uns an uns selbst beunruhigt, sodass es in unserer Dunkelheit hell wird. Unser Menschsein wird nicht beseitigt, Gott nimmt es voll und ganz an, es kann in ihm Erfüllung finden. Dann sind wir frei – frei, uns für die hinzugeben, die Gott uns anvertraut hat.

Nicht nur uns Menschen, sondern der ganzen Schöpfung ist eine Verklärung verheißen. Christus „wird unseren armseligen Leib verwandeln in die Gestalt seines verherrlichten Leibes, in der Kraft, mit der er sich alles unterwerfen kann" (Philipper 3,21). Ja, er „macht alles neu" (Offenbarung 21,5).

„Auf ihn sollt ihr hören!", sagt die Stimme vom Himmel. Durch den Heiligen Geist spricht Christus zu uns. Unsere Einstellung zum Leben entscheidet sich daran, ob wir auf seine beständige Gegenwart achten.

Auf Gott zu hören, bewahrt uns nicht unbedingt vor Schwierigkeiten. Wenn wir vor allem Tun und Handeln zunächst zuhören, werden wir vielleicht sogar verwundbarer. Aber wir nehmen an innerer Entschlossenheit zu, und mit ihr an einer Beweglichkeit, mit der wir uns noch leichter dem Atem des Heiligen Geistes überlassen können. Wir sind eher in der Lage, die Gegenwart Gottes in der Welt zu erkennen und seinem Willen mutig zu folgen.

Wir können uns kaum vorstellen, wie unsere eigene Verklärung geschehen soll. Unser Vertrauen bleibt, wie das der Jünger, unvollkommen; unser Glaube bleibt arm. Und dennoch verwandelt sich etwas in uns, wenn wir auf das Licht Gottes schauen.

Petrus, Jakobus und Johannes stehen auf dem Berg der Verklärung stellvertretend für die ganze Kirche, für alle, die Christus nachfolgen wollen. Wenn auch wir öfter in einem schlichten, gemeinsamen Gebet auf die Stimme Gottes hören würden, würden wir sie vielleicht besser verstehen. Der Heilige Geist könnte stärker in uns wirken und uns – wer weiß? – gar überraschen.

Heiliger Geist, am Tag der Verklärung Christi entdecken wir, dass du erhellst, was in uns bedürftig ist. Und die Sorgen unseres Herzens können sich in schlichtes Vertrauen und tiefe Freude verwandeln. Wir wollen einfach auf das Licht Christi schauen, bis der Morgenstern in unserem Herzen aufgeht.

AUFNAHME MARIENS IN DEN HIMMEL

Für Gott ist nichts unmöglich

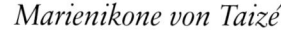

Marienikone von Taizé

WELCHE ROLLE spielt Maria in unserem Leben als Christen? Welchen Platz hat sie im Heilsplan Gottes? Nach Jahrzehnten ökumenischer Annäherung der getrennten Christen können wir uns diese Frage freier stellen, gemeinsam unter allen Christen, ohne uns allzu schnell hinter konfessionelle Abgrenzungen zurückzuziehen.

Der 15. August bietet dafür einen Anlass. Das Fest der „Aufnahme Mariens in den Himmel" – oder, wie die Ostkirche sagt, der „Entschlafung Mariens" – wurde schon im 6. Jahrhundert gefeiert. Es stammt aus dem Osten, wahrscheinlich aus Jerusalem.

„Für Gott ist nichts unmöglich": Maria verstand, dass Gott sie brauchte, um auf die Erde zu kommen, und sie glaubte den Worten des Engels (Lukas 1,26–38).

Sie konnte zusammen mit Josef noch kein Kind erwarten, als der Engel ihr sagte, dass sie die Mutter des

Messias, des Christus Gottes, werden würde. Was ihr verkündet wurde, war menschlich gesehen unmöglich. Sie hätte allen Grund gehabt, nein zu sagen. Trotzdem sagte sie ja. Wie schon bei Abraham, der vertraute, ohne zu wissen, wohin der Weg ihn führen sollte, und der glaubte, dass bei Gott nichts unmöglich ist, handelt Gott wieder auf völlig überraschende Weise. Mit der Ankündigung des Engels will der Evangelist Lukas sagen, dass in Maria Gott etwas völlig Neues, etwas Einzigartiges beginnt.

Das Evangelium nennt Maria „voll der Gnade" (vgl. Lukas 1,28): Seit jeher war sie von Gott geliebt und wurde auf das vorbereitet, was Gott von ihr erwartete. Keiner ihrer Nachbarn konnte das Geheimnis erahnen, das Maria aus Nazareth in sich trug. Geschehen nicht gerade die größten Geheimnisse in tiefer Stille? In der Geschichte genügen manchmal einige wenige Menschen, um den Lauf der Ereignisse zu ändern. Das Vertrauen, das Maria aufbrachte, und ihr Mut genügten, um Gott in die Menschheit eingehen zu lassen.

Gott wollte, dass diese junge Frau ihr Ja in Freiheit sagt. Sie tut es: „Ich bin die Magd des Herrn, mir geschehe, wie du es gesagt hast" (Lukas 1,38). Doch ihr Glaube wird immer wieder auf eine harte Probe gestellt: die Geburt Jesu unter unvorhersehbar schwierigen Umständen; der Abstand, auf den das zwölfjährige Kind zu seinen Eltern geht; die harschen Worte, mit denen Jesus ihr zu verstehen gibt, dass es für ihn nun stärkere Bande als die der Verwandtschaft gibt – nichts davon hat ihr Vertrauen gebrochen.

In Kana lädt sie andere ein, sich auf dasselbe Vertrauen einzulassen: „Was er euch sagt, das tut" (Johannes 2,1–12). Sie erneuert ihr Ja, als die Dinge unbegreiflich, gar absurd werden. Sie ist dabei, als Jesus am Kreuz stirbt. Und Jesus vertraut sie, seine Mutter, dem Jünger Johannes an (Johannes 19,25–27).

Von jeder und jedem von uns erwartet Gott dieses Ja für das ganze Leben. Es ist, als ob er zu uns sagt: „Ich brauche dich, damit das Evangelium alle Menschen erreichen kann. Hab' keine Angst, an deine Grenzen zu stoßen, fürchte dich nicht zu leiden; ich lasse dich nicht im Stich."

Viele Marienikonen und -bilder zeigen die Mutter Gottes, die uns ihren Sohn vorstellt. Wie Johannes der Täufer verweist sie auf ihn. Die am Kapitelanfang abgebildete Ikone befindet sich in der Kirche von Taizé. Sie wurde dort 1962 durch den russisch-orthodoxen Metropolit Nikodim geweiht.

Mit Christus verbunden sein, auf ihn verweisen: darin nimmt die Jungfrau Maria das Wesen der Kirche vorweg. In der Gemeinschaft der Heiligen sind wir mit ihr eng, wie mit einer Mutter, verbunden. Zahllose Gläubige wandten sich an sie und fanden Trost und

Mut im Vertrauen darauf, dass sie bei Gott lebt. Viele hilflose Menschen finden bei ihr Linderung für ihre Wunden, Heilung des Herzens.

Ich denke insbesondere an Ordensfrauen, die ich mit zwei anderen Brüdern in China besuchte. Sie haben sich in der Gegend von Sichuan niedergelassen, wo sich 2008 ein schweres Erdbeben ereignete. Sie kommen der leidgeprüften Bevölkerung zu Hilfe. Aber sie dürfen nicht über ihren Glauben sprechen. Sie können nur still anwesend sein, Widerschein des Jesuskindes, das in aller Stille in Bethlehem geboren wurde. Eine von ihnen sagte zu uns: „Nach einigen Monaten Arbeit unter den Menschen machten mehrere von uns eine Zeit des Zweifels durch. Warum so viel Leid?" Eine andere sagte: „Wenn ich unsere Ohnmacht bei der Hilfe für die Leute sehe, fühle ich mich wie Maria unter dem Kreuz."

Die Verehrung Marias ist Teil unseres Gotteslobes: Wenn wir die Art der Menschwerdung Gottes betrachten, beten wir Christus an und staunen auch bewundernd über Maria.

Die Marienverehrung nahm orts- und zeitabhängig verschiedene Formen an. Schon der Evangelist Lukas legte Maria das Wort auf die Lippen: „Von nun an preisen mich selig alle Geschlechter" (Lukas 1,48). Jahrhundertealte Hymnen besingen Maria mit der Schönheit höchster Poesie: „Sei gegrüßt, du trägst den, der alles trägt. Sei gegrüßt, du Stern, der den Sonnenaufgang ankündigt; sei gegrüßt, die du in deinem Leib dein Kind und deinen Gott trägst. Sei gegrüßt, du Erstgeborene der neuen Schöpfung" (aus dem „Akathistos", Hymnus an die Gottesmutter).

Das Fest der Aufnahme Mariens in den Himmel feiert die Vollendung ihres Pilgerweges. Sie ist nun bei Christus. Er nahm sie zu sich, sie, die vom Heiligen Geist dazu bereitet wurde, ihm auf der Erde das Leben zu schenken. Die Glaubende wurde zur Schauenden. Was Maria geschehen ist, bestätigt, dass das Werk der Versöhnung, das Christus vollbracht hat, zur Vollendung gelangen wird.

Die Christen der Ostkirche sprechen nicht von einer „Aufnahme in den Himmel", sondern von der „Entschlafung" der Jungfrau. Sie achten das Geheimnis, indem sie sozusagen an der Schwelle zu ihm innehalten. Die Katholische Kirche sagt ausdrücklicher, dass Maria „mit Leib und Seele in die himmlische Herrlichkeit aufgenommen wurde" (II. Vatikanisches Konzil, Lumen Gentium 59), und meint damit, dass die Jungfrau Maria mit ihrem ganzen Sein, mit allem, was ihr Leben ausmachte, bei Gott ist.

Bei der Reformation wurde sorgfältig darauf geachtet, sich an den Text der Bibel zu halten. Luther sagte in einer Predigt zu diesem Marienfest: „Man kann aus diesem Evangelium nicht schließen, wie Maria im Himmel sei, und es ist auch nicht nötig, dass wir alles aussagen können, wie es mit den Heiligen im Himmel zugehe. Es genügt zu wissen, dass sie in Christo leben." Dies hinderte ihn nicht daran zu schreiben: „Sie sieht sich als Gottesmutter über alle Menschen hinausgehoben und bleibt doch so einfach und gelassen dabei."

Maria wird immer Vorbild für ein Leben aus dem Glauben bleiben. Wenn man Marias Ja betrachtet, ihren Weg bis hin zu ihrer Aufnahme bei Gott, dann bestätigt sich, dass „für Gott nichts unmöglich ist". Das kann uns dazu führen, das Wagnis einzugehen, im Glauben alles auf Christus zu setzen.

Gott der Liebe, gepriesen seist du für die Jungfrau Maria. Ganz jung hat sie begriffen, dass du sie brauchtest, um auf die Erde zu kommen. Sie hat Christus vollständig vertraut, selbst am Fuß des Kreuzes. Wir betrachten heute den Weg, den sie zurückgelegt hat, bis zu ihrer Aufnahme in das Leben von Ewigkeit. Mit ihr können wir glauben, dass bei „Gott nichts unmöglich ist", und das Wagnis eingehen, im Glauben alles auf Christus zu setzen.

ALLERHEILIGEN

Ich nenne euch Freunde

Freundschaftsikone von Taizé

Das Fest Allerheiligen erinnert uns daran, dass wir von einer Vielzahl von Zeugen Christi umgeben sind, ja getragen werden, angefangen mit den Aposteln und der Jungfrau Maria, bis hin zu den heutigen Zeugen. Wir können uns auf den Glauben derer stützen, die vor uns auf der Erde waren. Und wir sind eingeladen, unsererseits den Schatz des Vertrauens auf Gott an die nachfolgende Generation weiterzugeben.

Im Glaubensbekenntnis sprechen wir: „Ich glaube an die Gemeinschaft der Heiligen." Wir stehen in dieser Gemeinschaft, und in diesem Sinn ist Allerheiligen das Fest von uns allen.

Es wäre ein verkürztes Verständnis der „Gemeinschaft der Heiligen" zu meinen, diese versammle Menschen, die sich bemüht haben, ein über jeden Tadel erhabenes moralisches Leben zu führen. Diese Gemeinschaft vereint alle, die aus ganzem Herzen die

Nähe Gottes suchen, alle, die auf das Wort Christi hören: „Ich nenne euch nicht mehr Knechte; vielmehr habe ich euch Freunde genannt" (Johannes 15,15). Die Heiligkeit besteht darin, sich nahe an der Quelle dieser Freundschaft aufzuhalten und entschieden daraus zu leben.

Christus kam nicht, um uns nur etwas zu lehren, sondern um uns wissen zu lassen: Gott ist dir ganz nahe, und zwar für immer. Mag unser Glaube auch gering sein, Gott hört niemals auf, uns seine Freundschaft zu schenken und die unsere zu suchen.

Eine Ikone aus dem 6. Jahrhundert drückt dies treffend aus; wir nennen sie in Taizé die „Freundschaftsikone". Sie stammt aus Ägypten. Ich sah sie schon während meiner ersten Besuche als Jugendlicher in Taizé in Frère Rogers Zimmer. Später ließ sie Frère Roger in der Versöhnungskirche aufstellen, wo sie sich noch heute befindet. Wir sehen, wie Christus den Arm auf die Schulter seines Freundes legt, um neben ihm zu gehen. Mit dieser Geste nimmt er alles auf sich, was diesen Freund belastet. Der Name des Freundes ist Menas, aber er steht für jede und jeden von uns.

Die Betrachtung der Freundschaftsikone ist bereits ein Gebet, das uns mit Gott vereint. Die Ikone zeigt uns, was das Herz des Evangeliums ausmacht: Christus bleibt für unsere Augen zwar unsichtbar, dennoch können wir uns seiner Gegenwart als Auferstandener anvertrauen. Seit seiner Auferstehung kommt er durch den Heiligen Geist demütig an unsere Seite. Er drängt sich nicht auf, begleitet aber jeden Menschen.

Gott liebt jede und jeden bedingungslos. Damit das Vertrauen auf Christus heute so vielen Menschen wie möglich zugänglich wird, kommt es entscheidend darauf an, zu vermitteln, was den Kern des Evangeliums ausmacht: Gott offenbart seine Größe in der Liebe, in seiner grenzenlosen Fähigkeit, den Menschen ganz nahe zu kommen.

Die Freundschaft, die Gott uns anbietet, können wir auch untereinander eingehen. Christus versammelt uns in einer einzigen Gemeinschaft, in der Gemeinschaft der Kirche. Überwinden wir also die Trennungen, die das Bild der Kirche trüben! Könnten wir nichts unversucht lassen, damit noch greifbarer wird, dass sie ein Ort der Freundschaft für alle ist! Ist Allerheiligen nicht wie eine Feier dieser Freundschaft?

Haben wir den Mut, besonders mit den ärmsten Menschen Freundschaft zu schließen. Der Zuwendung für die am meisten Vernachlässigten kommt in unseren Gesellschaften, in denen so viele Menschen vereinsamt und unverstanden sind, ein unermesslicher Wert zu.

In den letzten Jahren haben wir bei den internationalen Treffen von Taizé Jugendlichen Nachbildungen der Freundschaftsikone mitgegeben. Mit dieser Ikone machen sie sich auf kleine Pilgerwege des Vertrauens, von einer Stadt zur nächsten, von einer Kirchengemeinde zur anderen, an Orte des Leidens, in Krankenhäuser oder Kinderheime.

Und sie entdecken in den Menschen, die am verletzlichsten sind, den Widerschein der Gegenwart Christi. Wie in einem Gleichnis des Evangeliums sagt Christus zu ihnen: Wenn ihr die Geringsten meiner Brüder und Schwestern besucht habt, seid ihr mir begegnet (vgl. Matthäus 25,31–46).

Einige unserer Brüder leben seit über dreißig Jahren in Bangladesch, mitten unter den Ärmsten, in einer fast gänzlich muslimischen Umgebung. Einer von ihnen sagte während unseres jährlichen Bruderrats: „Wir stellen fest, dass die Menschen, die aufgrund ihrer Schwachheit und scheinbaren Nutzlosigkeit von der Gesellschaft verstoßen werden, eine Gegenwart Gottes sind. Wenn wir sie aufnehmen, führen sie uns allmählich von einer Welt übertriebenen Wettbewerbs in eine Welt der Gemeinschaft der Herzen. Als gemeinschaftliche Geste mit Glaubenden des Islam oder anderen Glaubenden führen wir zusammen Pilgerwege mit Behinderten durch. Dabei geht uns das Herz auf. Wenn wir uns gemeinsam in den Dienst der Armen und Schwachen stellen, führen diese uns zusammen, nicht wir sind länger die Starken, die etwas durchführen, sondern sie sind es, die uns einladen zusammen zu sein, gemeinsam mit ihnen."

Frère Roger verwies darauf, dass wir jeden Tag neu vor der Wahl zwischen Mittelmäßigkeit und Heiligkeit stehen. In jedem Augenblick können wir auf den Ruf Gottes antworten: „Seid heilig!" (1 Petrus 1,15–16). Sich für die Heiligkeit entscheiden bedeutet nicht unbedingt, mehr zu leisten. Wir sind dazu gerufen, über uns hinaus zu wachsen, indem wir tiefer lieben. Und da die Liebe unser ganzes Wesen braucht, um sich auszudrücken, ist es an uns, ohne eine einzige Minute zu verlieren, Wege zu suchen, wie wir unserem Nächsten mehr Aufmerksamkeit schenken können.

Es gibt viele Heilige, die still im Verborgenen leben. Wie viele Frauen und Männer sind sich nicht bewusst, dass in ihrem Leben, in ihrer Hingabe, etwas von der Heiligkeit Gottes aufleuchtet! Auch ohne es zu wissen haben sie bereits ihren Platz in jener großen Schar von Zeugen, die seit Abraham und Maria geglaubt haben, dass „für Gott nichts unmöglich ist" (Lukas 1,37).

Gott des Friedens, in unserer lebenslangen Nachfolge Christi werden wir von einer Vielzahl von seinen Zeugen getragen: von Menschen, die uns vorausgegangen sind, angefangen mit den Aposteln und der Jungfrau Maria, bis zu Menschen heute. Zu jedem von uns sagt Christus: „Ich nenne euch nicht mehr Knechte, ich nenne euch Freunde." Darin liegt die Quelle neuen Lebens.

VERZEICHNIS DER BIBELSTELLEN

© 2010 Ateliers et Presses de Taizé, 71250 Taizé, France

Für die deutschsprachige Ausgabe:
© Verlag Herder GmbH, Freiburg im Breisgau 2010
Alle Rechte vorbehalten
www.herder.de

Umschlaggestaltung: Finken & Bumiller
Umschlagfotos: Sabine Leutenegger, CH-Wil

Fotos im Innenteil:
Sabine Leutenegger: 2, 21, 37, 45, 53, 103
Taizé: 13, 29, 61, 69, 77, 85, 93

Satz: Weiß-Freiburg GmbH – Graphik & Buchgestaltung

Herstellung: fgb · freiburger graphische betriebe
www.fgb.de

Gedruckt auf umweltfreundlichem, chlorfrei gebleichtem Papier
Printed in Germany

ISBN 978-3-451-33194-7